政府和社会资本合作(PPP)项目
选择咨询机构招标文件示范文本

中国招标投标协会　编著

中国计划出版社

图书在版编目（CIP）数据

政府和社会资本合作（PPP）项目选择咨询机构招标文件示范文本 / 中国招标投标协会编著. -- 北京 : 中国计划出版社, 2019.11
ISBN 978-7-5182-1107-4

Ⅰ. ①政… Ⅱ. ①中… Ⅲ. ①政府投资—合作—社会资本—咨询机构—招标—范文—中国 Ⅳ. ①F832.48 ②F124.7

中国版本图书馆CIP数据核字(2019)第236623号

政府和社会资本合作(PPP)项目
选择咨询机构招标文件示范文本
中国招标投标协会 编著

中国计划出版社出版发行
网址:www.jhpress.com
地址：北京市西城区木樨地北里甲11号国宏大厦C座3层
邮政编码：100038 电话：(010) 63906433（发行部）
北京市科星印刷有限责任公司印刷

880mm×1230mm 1/16 6印张 120千字
2019年11月第1版 2019年11月第1次印刷
印数1—3000册

ISBN 978-7-5182-1107-4
定价：50.00元

《政府和社会资本合作（PPP）项目选择咨询机构招标文件示范文本》
编制委员会

主　　　任：任　珑

副　主　任：贾建华　袁炳玉　罗建民

编写组人员：

组　　　长：刘云山

副　组　长：罗　岩　李　驰

编 写 人 员：明平林　乌海东　张雄胜　彭云辉　呼格吉勒图
孙建成　王秀丽　王　燕　赛　娜　武利国
董晓虹　陈金珍

专 家 顾 问：石国虎　王　胜　傅庆阳　蒋玉红　宋雅琴
徐成彬

使 用 说 明

一、为了加强政府和社会资本合作（PPP）项目的管理工作，规范 PPP 咨询服务的招标采购活动，保护当事人的合法权益，编制《政府和社会资本合作（PPP）项目选择咨询机构招标文件示范文本》（以下简称《示范文本》）。

二、本《示范文本》依据《中华人民共和国招标投标法》《中华人民共和国政府采购法》及相关法规、规章编制，适用于拟采用政府和社会资本合作（PPP）模式的项目选择 PPP 项目咨询机构的招标采购活动。

三、本《示范文本》适用于公开招标或邀请招标，采用邀请招标应符合国家相关法律法规规定的条件，采用其他采购方式的可参照使用。

四、本《示范文本》第三章“评标办法”规定了综合评估（分）法的评标方法，各评审因素的评审标准、分值和权重等由招标人根据项目特点和服务需求自主确定。

五、本《示范文本》资格审查方式采用资格后审。招标人采用资格预审方式进行资格审查时，应按照国家相关法律法规的规定执行。

六、本《示范文本》用相同序号标示的章、节、条、款、项、目供招标人选择使用，招标人应根据招标项目具体特点和实际需要具体化。相关章节以空格标示的，具体内容由招标人填写，没有需要填写的，在空格中用“/”标示。相关章节条款前标示为“□”的，招标人根据实际需要加“☑”选择使用。相关章节中以“（）”表述为提示内容的，招标人应在明确具体内容后删除。

七、招标人按照本《示范文本》第一章的格式发布招标公告或发出投标邀请书后，将实际发布的招标公告或实际发出的投标邀请书编入出售的招标文件中，作为投标邀请。

八、本《示范文本》第四章“合同条款及格式”由合同协议书、合同条款组成。

九、本《示范文本》第五章“委托人需求”由招标人根据国家法律法规、招标项目具体特点和实际需要编制，并与第二章“投标人须知”、第四章“合同条款及格式”相衔接。

十、招标人在实施过程中适用《中华人民共和国招标投标法》法律体系的，相关章节条款前标示“【A】”；招标人在实施过程中适用《中华人民共和国政府采购法》法律体系的，相关章节条款前标示“【B】”。采用非电子招标投标的，相关章节条款前标示“【Ⅰ】”；采用电子招标投标的，相关章节条款前标示“【Ⅱ】”。招标人应按照国家有关规定，结合项目具体情况选择使用。

十一、招标人在使用本《示范文本》编制招标文件时，可根据招标项目的具体特点和实际需求，对本《示范文本》中相关条款进行修改、补充、细化。但修改、补充或细化的内容不得违反法律、行政法规的强制规定，不应违反公开、公平、公正和诚实信用的原则。

十二、本《示范文本》将根据实际执行过程中出现的问题及时进行修改。各使用单位或个人对本《示范文本》的修改意见和建议，可向中国招标投标协会（联系邮箱：1755772529@qq.com）及时反馈。

目　　次

________________（项目名称）

政府和社会资本合作（PPP）项目选择咨询机构

招 标 文 件

（招标编号：________________）

招标人：________________（盖单位公章）

______年______月______日

目　　录

第一章　招标公告（适用于公开招标）

______________________（项目名称）

政府和社会资本合作（PPP）项目选择咨询机构

招标公告

招标编号：________________

1. 招标条件

【A】____________________（项目名称），项目代码为________（全国投资项目在线审批监管平台生成的），已由________（项目审批、核准或备案机关名称）以________（批文名称及编号）立项，拟采用政府和社会资本合作（PPP）模式实施，招标人是________（政府授权的职能部门或事业单位名称或其他单位），本招标项目资金来源为________，已落实。现对该政府和社会资本合作（PPP）项目的咨询机构进行公开招标。

【B】____________________（项目名称），项目代码为________（全国投资项目在线审批监管平台生成的），已由________（项目审批、核准或备案机关名称）以________（批文名称及编号）立项，拟采用政府和社会资本合作（PPP）模式实施，招标人是________（政府授权的职能部门或事业单位名称）。本招标项目使用财政性资金，已由________（本级财政部门名称）以________（批文名称及编号）批准（或备案），预算金额为________。现对该政府和社会资本合作（PPP）项目的咨询机构进行公开招标。

2. 项目概况与招标范围

2.1 项目概况：________（项目名称、项目地点、建设规模、项目投资估算）。

2.2 招标范围：________（服务范围、服务期限）。

3. 投标人资格要求

3.1 本次招标要求投标人须具备：

3.1.1　资质：____________

3.1.2　信用：____________

3.1.3　业绩：____________

3.1.4　人员：____________

3.1.5　其他：____________

（招标人应当根据国家法律法规和招标需求选择和拟定，但不得以不合理条件限制、排斥潜在投标人，也不得对潜在投标人实行差别性待遇、歧视性待遇。）

3.2 本次招标______________________（接受或不接受）联合体投标。联合体投标的，应满足下列要求：__________________________。

3.3 本招标项目资格审查方式为资格后审。

4. 招标文件的获取

4.1 本次招标______________________（采用或不采用）电子招标投标方式。

4.2 【Ⅰ】凡有意参加投标者，请于________年________月________日至________年________月________日，每日上午________时（北京时间，下同）至________时，下午________时至________时，在__________（详细地址）持介绍信或授权书、经办人身份证购买招标文件。邮购招标文件的，需另加邮寄费________元。招标人在收到介绍信和邮寄费后________日内寄送。

4.2 【Ⅱ】凡有意参加投标者，请于________年________月________日________时至________年________月________日________时，登录__________________（电子招标投标交易平台名称）下载电子招标文件。

4.3 招标文件每套售价________元，售后不退。

5. 投标文件的递交

5.1 【Ⅰ】投标文件递交的截止时间（投标截止时间，下同）为______年______月______日______时______分，地点为____________________________。

5.1 【Ⅱ】投标文件递交的截止时间（投标截止时间，下同）为______年______月______日______时______分，投标人应在截止时间前通过____（电子招标投标交易平台）递交电子投标文件。

5.2 【Ⅰ】逾期送达的、未送达指定地点的或者不按照招标文件要求密封的投标文件，招标人将予以拒收。

5.2 【Ⅱ】逾期送达的投标文件，电子招标投标交易平台将予以拒收。

6. 发布公告的媒介

本次招标公告同时在____（发布公告的媒介名称）上发布。

7. 联系方式

招 标 人：________________	招标代理机构：________________
地　　址：________________	地　　址：________________
邮　　编：________________	邮　　编：________________
联 系 人：________________	联 系 人：________________
电　　话：________________	电　　话：________________
传　　真：________________	传　　真：________________
电子邮件：________________	电子邮件：________________
网　　址：________________	网　　址：________________
开户银行：________________	开户银行：________________
账　　号：________________	账　　号：________________

8. 监督部门

监督部门：________________

联系电话：________________

______年______月______日

第一章　投标邀请书（适用于邀请招标）

______________（项目名称）

政府和社会资本合作（PPP）项目选择咨询机构

投标邀请书

招标编号：____________

______________（被邀请单位名称）：

1. 招标条件

【A】______________（项目名称），项目代码为______________（全国投资项目在线审批监管平台生成的），已由______________（项目审批、核准或备案机关名称）以______________（批文名称及编号）立项，拟采用政府和社会资本合作（PPP）模式实施，招标人是________（政府授权的职能部门或事业单位名称或其他单位），本招标项目资金来源为________，已落实。现对该政府和社会资本合作（PPP）项目的咨询机构进行邀请招标。

【B】______________（项目名称），项目代码为______________（全国投资项目在线审批监管平台生成的），已由______________（项目审批、核准或备案机关名称）以______________（批文名称及编号）立项，拟采用政府和社会资本合作（PPP）模式实施，招标人是________（政府授权的职能部门或事业单位名称）。本招标项目使用财政性资金，已由______________（本级财政部门名称）以______________（批文名称及编号）批准（或备案），预算金额为________。现对该政府和社会资本合作（PPP）项目的咨询机构进行邀请招标。

2. 项目概况与招标范围

2.1 项目概况：______________（项目名称、项目地点、建设规模、项目投资估算）。

2.2 招标范围：______________（服务范围、服务期限）。

3. 投标人资格要求

3.1　本次招标要求投标人须具备：

3.1.1　资质：________________

3.1.2　信用：________________

3.1.3　业绩：________________

3.1.4　人员：________________

3.1.5　其他：________________

招标人应当根据国家法律法规和招标需求选择和拟定，但不得以不合理条件限制、排斥潜在投标人，也不得对潜在投标人实行差别性待遇、歧视性待遇。

3.2　本次招标________________________________（接受或不接受）联合体投标。联合体投标的，应满足下列要求：______________________________________。

3.3　本招标项目资格审查方式为资格后审。

4. 招标文件的获取

4.1　本次招标____________________________（采用或不采用）电子招标投标方式。

4.2　【Ⅰ】凡有意参加投标者，请于______年______月______日至______年______月______日，每日上午______时至______时，下午______时至______时（北京时间，下同），在____________________（详细地址）持介绍信或授权书、经办人身份证购买招标文件。邮购招标文件的，需另加邮寄费______元。招标人在收到介绍信和邮寄费后______日内寄送。

4.2　【Ⅱ】凡有意参加投标者，请于______年______月______日______时至______年______月______日______时，登录__________________（电子招标投标交易平台名称）下载电子招标文件。

4.3　招标文件每套售价______元，售后不退。

5. 投标文件的递交

5.1　【Ⅰ】投标文件递交的截止时间（投标截止时间，下同）为______年______月______日______时______分，地点为____。

5.1　【Ⅱ】投标文件递交的截止时间（投标截止时间，下同）为______年______月______日______时______分，投标人应在截止时间前通过______________________________________（电子招标投标交易平台）递交电子投标文件。

5.2　【Ⅰ】逾期送达的、未送达指定地点的或者不按照招标文件要求密封的投标文件，招标人将予以拒收。

5.2 【Ⅱ】逾期送达的投标文件，电子招标投标交易平台将予以拒收。

6. 确认

你单位收到本邀请书后，请于______年______月______日______时前，以书面形式确认是否参加投标。在本邀请书规定的时间内未表示是否参加投标或明确表示不参加投标的，不得再参加投标。

7. 联系方式

招 标 人：____________________　　招标代理机构：________________

地　　址：____________________　　地　　址：____________________

邮　　编：____________________　　邮　　编：____________________

联 系 人：____________________　　联 系 人：____________________

电　　话：____________________　　电　　话：____________________

传　　真：____________________　　传　　真：____________________

电子邮件：____________________　　电子邮件：____________________

网　　址：____________________　　网　　址：____________________

开户银行：____________________　　开户银行：____________________

账　　号：____________________　　账　　号：____________________

8. 监督部门

监督部门：____________________

联系电话：____________________

______年______月______日

附录：确认通知

确 认 通 知

______________（招标人名称）：

我方已于______年______月______日收到你方______年______月______日发出的______________（项目名称）政府和社会资本合作（PPP）项目选择咨询机构招标的投标邀请书，并确认__________（参加/不参加）投标。

特此确认。

被邀请单位名称：________________（盖单位公章）

______年______月______日

第二章　投标人须知

投标人须知

投标人须知前附表

条款号	条 款 名 称	编 列 内 容
1.1.1	招标人	名　　称： 地　　址： 联 系 人： 电　　话：
1.1.2	招标代理机构	名　　称： 地　　址： 联 系 人： 电　　话：
1.1.3	项目名称	
1.1.4	招标项目名称	____________（项目名称）政府和社会资本合作（PPP）项目选择咨询机构
1.1.5	项目地点	
1.1.6	项目规模	
1.2.1	服务范围	□采用 PPP 模式可行性论证； □实施方案编制； □物有所值评价； □财政承受能力论证； □PPP 项目合同编制与咨询； □招标采购与咨询； □绩效评价； 其他：____________。 （招标人根据需要选择一至多个服务范围，自行确定。）
1.2.2	服务期限	
1.3	合同计价形式	总价合同

续表

条款号	条 款 名 称	编 列 内 容
1.4.1	投标人资格要求	（1）资质： （2）信用： （3）业绩： （4）人员： （5）其他：
1.4.2	是否接受联合体投标	□不接受 □接受，应满足下列要求：
1.4.3	投标人不得存在的其他情形	
1.9.1	投标预备会	□不召开 □召开，召开时间： 召开地点：
1.9.2	投标人在投标预备会前提出问题	时间： 形式：
1.9.3	投标预备会澄清发出的形式	
1.10.1	分包	□不允许 □允许，分包工作内容： 分包金额： 对分包人的资质要求：
2.1	构成招标文件的其他资料	
2.2.1	投标人要求澄清招标文件	时间： 形式：
2.2.2	招标文件澄清发出的形式	
2.2.3	投标人确认收到招标文件澄清	时间： 形式：
2.3.1	招标文件修改发出的形式	
2.3.2	投标人确认收到招标文件修改	时间： 形式：
3.1.1	构成投标文件的其他资料	
3.2.3	报价方式	总价报价
3.2.4	最高投标限价	□无 □有，最高投标限价：
3.2.5	投标报价的其他要求	

续表

条款号	条 款 名 称	编 列 内 容
3.3.1	投标有效期	
3.4.2	投标担保	是否要求投标人递交投标担保： □要求，投标担保的形式： 投标担保的金额： □不要求
3.4.5（4）	其他可以不予退还投标担保的情形	
3.5	资格审查资料及商务评审资料的特殊要求	□无 □有，具体要求：
3.5.2	近年信用情况具体信息查询网站和起止时间要求	查询网站： 起止时间：_____年_____月_____日 至_____年_____月_____日
3.5.3	近年完成的类似咨询服务项目情况的时间要求	_____年_____月_____日至 _____年_____月_____日
3.6.2【Ⅰ】（2）	投标文件副本份数及其他要求	投标文件副本份数： 是否要求提交电子版文件： 其他要求：
3.6.2【Ⅱ】	投标文件所附证书证件要求	
3.6.2【Ⅱ】	投标文件电子签章要求	
4.1.1【Ⅰ】	投标文件密封要求	
4.1.1【Ⅱ】	投标文件加密要求	
4.1.2【Ⅰ】	封套上应载明的信息	招标人名称： 招标人地址： ____________________（项目名称）政府和社会资本合作（PPP）项目选择咨询机构的投标文件 招标项目编号： 投标人名称： 在_____年_____月_____日_____时_____分前不得开启
4.2.1	投标截止时间	
4.2.2【Ⅰ】	递交投标文件地点	
4.2.3	投标文件是否退还	□否 □是，退还时间：

续表

条款号	条 款 名 称	编 列 内 容
5.1【I】	开标时间和地点	开标时间：同投标截止时间 开标地点：
5.2【I】	开标程序	开标顺序：
6.1.1	评标委员会的组建	评标委员会构成：________人 其中招标人代表________人，专家________人 评标专家确定方式：________
6.3.2	评标委员会推荐中标候选人的人数	
7【A】7.1	中标候选人公示媒介及期限	公示媒介： 公示期限：
7【A】7.4	是否授权评标委员会确定中标人	□是 □否
7【A】7.6	履约担保	是否要求中标人提交履约担保： □要求，履约担保的形式： 履约担保的金额： □不要求
7【B】7.1.1	是否授权评标委员会确定中标人	□是 □否
7【B】7.1.2	中标结果公告媒介及期限	公告媒介： 公告期限：
7【B】7.3	履约担保	是否要求中标人提交履约担保： □要求，履约担保的形式： 履约担保的金额： □不要求
10	是否采用电子招标投标	□否 □是，具体要求：
11	需要补充的其他内容	（1）本招标文件所有时间均为北京时间； （2）投标人须知前附表与投标人须知正文不一致时，以投标人须知前附表为准； ……

1. 总则

1.1　招标项目概况

根据《中华人民共和国招标投标法》《中华人民共和国政府采购法》等有关法律、法规和规章的规定，本项目已经投资主管部门批准立项，现对该政府和社会资本合作（PPP）项目的咨询机构进行招标。

1.1.1　招标人：见投标人须知前附表。

1.1.2　招标代理机构：见投标人须知前附表。

1.1.3　项目名称：见投标人须知前附表。

1.1.4　招标项目名称：见投标人须知前附表。

1.1.5　项目地点：见投标人须知前附表。

1.1.6　项目规模：见投标人须知前附表。

1.2　招标范围

1.2.1　服务范围：见投标人须知前附表。

1.2.2　服务期限：见投标人须知前附表。

1.3　招标项目的合同计价形式

合同计价形式：见投标人须知前附表。

1.4　投标人资格要求

1.4.1　投标人应具备承担本招标项目的资质、信用、业绩和人员：

（1）资质要求：见投标人须知前附表；

（2）信用要求：见投标人须知前附表；

（3）业绩要求：见投标人须知前附表；

（4）人员要求：见投标人须知前附表；

（5）其他要求：见投标人须知前附表。

需要提交的相关证明材料见本章第3.5款的规定。

1.4.2　投标人须知前附表规定接受联合体投标的，联合体除应符合本章第1.4.1项和投标人须知前附表的要求外，还应遵守以下规定：

（1）联合体各方应按招标文件提供的格式签订联合体协议书，明确联合体牵头人和各方权利义务，并承诺就中标的招标项目向招标人承担连带责任；

（2）联合体各成员依据联合体协议分工，满足其承担工作相对应的资质要求；

（3）联合体各方不得再以自己的名义单独或参加其他联合体在本招标项目中投标，否则各相关投标均无效。

1.4.3　投标人不得存在下列情形之一：

（1）与招标人存在利害关系可能影响招标公正性；

（2）与本招标项目的其他投标人为同一个单位负责人；

（3）与本招标项目的其他投标人存在控股、管理关系；

（4）为本招标项目的招标代理机构；

（5）与本招标项目的招标代理机构同为一个法定代表人；

（6）与本招标项目的招标代理机构存在控股或参股关系；

（7）被依法暂停或者取消投标资格；

（8）被责令停产停业、暂扣或者吊销执照；

（9）进入清算程序或被宣告破产或存在其他丧失履约能力的情形；

（10）最近三年内在经营活动中发生过重大违法行为（以项目所在地省级相关行业主管部门的行政处罚决定或司法机关出具的有关法律文书为准）；

（11）在国家企业信用信息公示系统（www. gsxt. gov. cn）中被列入严重违法失信企业名单；

（12）在信用中国网（www. creditchina. gov. cn）被列入失信被执行人、重大税收违法案件当事人名单、政府采购严重违法失信行为记录名单；

（13）在中国政府采购网（www. ccgp. gov. cn）被列入政府采购严重违法失信行为记录名单；

（14）法律法规或投标人须知前附表规定的其他情形。

1.5 费用承担

投标人准备和参加投标活动发生的费用自理。

1.6 保密

参与招标投标活动的各方应对招标文件和投标文件中的商业和技术等秘密保密，否则应承担相应的法律责任。

1.7 语言文字

招标投标文件使用的语言文字为中文。专用术语使用外文的，应附有中文注释。

1.8 计量单位

所有计量均采用中华人民共和国法定计量单位。

1.9 投标预备会

1.9.1 投标人须知前附表规定召开投标预备会的，招标人按投标人须知前附表规定的时间和地点召开投标预备会，澄清投标人提出的问题。

1.9.2 投标人应按投标人须知前附表规定的时间和形式将提出的问题送达招标人，以便招标人在会议期间澄清。

1.9.3 投标预备会后，招标人将对投标人所提问题的澄清，以投标人须知前附表规定的形式通知所有购买招标文件的投标人。该澄清内容为招标文件的组成部分。

1.10 分包

1.10.1 投标人拟在中标后将中标的招标项目部分工作进行分包的，应符合投标人须知前附表规定的分包工作内容、分包金额和资质要求等限制性条件，除投标人须知前附表规定的工作外，其他工作不得分包。

1.10.2 中标人不得向他人转让中标的招标项目，分包人不得再次分包。中标人应当就分包工作向招标人负责，分包人就分包工作承担连带责任。

1.11 响应

1.11.1 投标文件应当对招标文件的实质性要求和条件做出满足性的响应，否则，投标人的投标将被否决。

1.11.2 招标文件已明确的形式评审标准、资格评审（审查）标准、响应性（符合性）评审标准及国家法律、行政法规规定的有关内容为实质性内容。

2. 招标文件

2.1 招标文件的组成

本招标文件包括：

（1）招标公告（投标邀请书）；

（2）投标人须知；

（3）评标办法；

（4）合同条款及格式；

（5）委托人需求；

（6）投标文件格式；

（7）项目相关资料；

（8）投标人须知前附表规定的其他资料。

根据本章第1.9款、第2.2款和第2.3款对招标文件所做的澄清、修改，构成招标文件的组成部分。

2.2 招标文件的澄清

2.2.1 投标人应仔细阅读和检查招标文件的全部内容，如发现缺页或附件不全，应及时向招标人提出，以便补齐。如有疑问，应按投标人须知前附表规定的时间和形式将提出的问题送达招标人，要求招标人对招标文件予以澄清。

2.2.2 招标文件的澄清以投标人须知前附表规定的形式发给所有已购买招标文件的投标人，但不指明澄清问题的来源。澄清发出的时间距投标截止时间不足15日，并且澄清内容可能影响投标文件编制的，招标人将相应延长投标截止时间。

2.2.3 投标人在收到澄清后，应按投标人须知前附表规定的时间和形式通知招标人，确认已收到该澄清。

2.2.4 【B】对招标文件的澄清将在发布招标公告的同一媒介上发布。

2.3 招标文件的修改

2.3.1 招标人以投标人须知前附表规定的形式修改招标文件，并通知所有已购买招标文件的投标人。修改招标文件的时间距投标截止时间不足15日，并且修改内容可能影响投标文件编制的，招标人将相应延长投标截止时间。

2.3.2 投标人收到修改内容后，应按投标人须知前附表规定的时间和形式通知招标人，确认已收到该修改。

2.3.3 【B】对招标文件的修改将在发布招标公告的同一媒介上发布。

2.4 【A】招标文件的异议

投标人或者其他利害关系人对招标文件有异议的，应当在投标截止时间10日前以书面形式提出。招标人将在收到异议之日起3日内做出答复；做出答复前，将暂停招标投标活动。

2.4 【B】招标文件的质疑

2.4.1 投标人认为招标文件使自己的权益受到损害的，可以在获取招标文件之日或者招标文件公告期限届满之日起7个工作日内，以书面形式向招标人提出质疑。提出质疑的投标人应当是参与招标项目采购活动并依法获取其招标文件的投标人。

2.4.2 投标人可以委托代理人进行质疑，并提交投标人签署的授权委托书。授权委托书的签署应符合《中华人民共和国政府采购法》及相关规定。

2.4.3 投标人提交的书面质疑函应包括必要的证明材料。书面质疑函的内容应符合《中华人民共和国政府采购法》及相关规定。

2.4.4 招标人应当在收到投标人的书面质疑后7个工作日内做出答复，并以书面形式通知质疑投标人和其他有关投标人，但答复的内容不得涉及商业秘密。

3. 投标文件

3.1 投标文件的组成

3.1.1 投标文件应包括下列内容：

（1）投标函；

（2）法定代表人身份证明或授权委托书；

（3）联合体协议书；

（4）投标保证金；

（5）投标报价清单；

（6）资格审查及商务评审资料；

（7）咨询服务方案；

（8）投标人须知前附表规定的其他资料。

投标人在评标过程中做出的符合法律法规和招标文件规定的澄清确认，构成投标文件的组成部分。

3.1.2　投标人须知前附表规定不接受联合体投标的，或投标人没有组成联合体的，投标文件不包括本章第3.1.1（3）目所指的联合体协议书。

3.1.3　投标人须知前附表未要求提交投标保证金的，投标文件不包括本章第3.1.1（4）目所指的投标保证金。

3.2　投标报价

3.2.1　投标报价为履行本招标项目咨询服务的所有费用，包括成本、利润、税金。投标人应按第六章“投标文件格式”的要求在投标函中进行报价并填写投标报价清单。

3.2.2　投标人应充分了解该招标项目的总体情况以及影响投标报价的其他要素。

3.2.3　本招标项目的报价方式见投标人须知前附表。投标人在投标截止时间前修改投标函中的投标报价总额，应同时修改投标文件“投标报价清单”中的相应报价。此修改须符合本章第4.3款的有关要求。

3.2.4　招标人设有最高投标限价的，投标人的投标报价不得超过最高投标限价，最高投标限价在投标人须知前附表中明确。

3.2.5　投标报价的其他要求见投标人须知前附表。

3.3　投标有效期

3.3.1　除投标人须知前附表另有规定外，投标有效期为90日。

3.3.2　出现特殊情况需要延长投标有效期的，招标人以书面形式通知所有投标人延长投标有效期。投标人应予以书面答复，同意延长的，应相应延长其投标保证金的有效期，但不得要求或被允许修改其投标文件；投标人拒绝延长的，其投标失效，但投标人有权收回其投标保证金及以现金或者银行转账形式递交的投标保证金的银行同期存款利息。

3.4　投标担保

3.4.1　【A】招标人在招标文件中要求投标人提交投标担保的，投标担保的金额不得超过招标项目估算价的2%。投标担保的有效期应当与投标有效期一致。担保的形式可以是现金、支票、汇票、银行保函或合法担保机构出具的担保函。境内投标人以现金或者支票、汇票、本票等形式提交的投标担保，应当出自基本账户。

3.4.1　【B】招标文件要求投标人提交投标保证金的，投标保证金不得超过招标项目预算金额的2%。投标保证金应当以支票、汇票、本票或者金融机构、担保机构出具的保函等非现金形式提交。投标文件中承诺的投标有效期应不少于招标文件中载明的投标有效期。

3.4.2　投标人在递交投标文件的同时，应按投标人须知前附表规定的金额、形式和第六章“投标文件格式”规定的投标担保格式递交投标担保，并作为其投标文件的组成部分。联合体投标的，其投标保证金应当由牵头人递交，并应符合投标人须知前附表的规定。

3.4.3　投标人不按本章第3.4.1项和第3.4.2项要求提交投标担保的，评标委员会将否决其投标。

3.4.4　【A】招标人最迟将在与中标人签订合同后5日内，向未中标的投标人和中标人退还投标担保。投标担保以现金或者银行转账形式递交的，还应退还银行同期存款利息。

3.4.4　【B】招标人在中标通知书发出后5个工作日内退还未中标人的投标担保，在签订合同后5个工作日内退还中标人的投标担保。

3.4.5　有下列情形之一的，投标担保将不予退还：

（1）投标人在投标有效期内撤销或修改其投标文件；

（2）中标人在收到中标通知书后，无正当理由不与招标人订立合同，在签订合同时向招标人提出附加条件，或者不按照招标文件要求提交履约担保；

（3）投标人相互串通投标或有弄虚作假欺诈行为；

（4）发生投标人须知前附表规定的其他可以不予退还投标担保的情形。

3.5　资格审查及商务评审资料

除投标人须知前附表另有规定外，投标人应按下列规定提供资格审查资料，以证明其满足本章第1.4款规定的资质、信用、业绩、人员等要求。

3.5.1　“投标人基本情况表”应附投标人统一社会信用代码营业执照的复印件、投标人资格证明等材料的复印件。

3.5.2　“近年信用情况表”应附信用信息查询记录和查询网站证据截图（或资料文件）复印件，具体信息查询网站和起止时间要求见投标人须知前附表。

3.5.3　“近年完成的类似咨询服务业绩情况表”应附合同协议书复印件，具体时间要求见投标人须知前附表，每张表格只填写一个项目咨询服务业绩，并标明序号。

3.5.4　“拟委派咨询服务项目负责人简历表”及“拟委派其他主要人员汇总表”应填报满足本章第1.4.1项规定的人员相关信息，并附主要人员的身份证、学历证、职称证、注册执业（职业）资格（水平）证书、社保缴费证明等复印件。

3.5.5　第三章“评标办法”中评审因素的信誉等要求投标人提供证明材料复印件。

3.6　投标文件的编制

3.6.1　投标文件应按第六章“投标文件格式”进行编写，如有必要，可以增加附页，作为投标文件的组成部分。

3.6.2　【Ⅰ】（1）投标文件应用不褪色的材料书写或打印，投标函及对投标文件的澄清、说明应由投标人的法定代表人或其授权的代理人签字或盖单位公章。由投标人的法定代表人签字的，应附法定代表人身份证明，由代理人签字的，应附授权委托书，身份证明或授权委托书应符合第六章“投标文件格式”的要求。投标文件应尽量避免涂改、行间插字或删除。如果出现上述情况，改动之处应由投标人的法定代表人或其授权的代理人签字或盖单位公章。

（2）投标文件正本一份，副本份数见投标人须知前附表。正本和副本的封面右上角上应清楚地标记“正本”或“副本”的字样。投标人应根据投标人须知前附表要求提供电子版文件。当副本和正本不一致或电子版文件和纸质正本文件不一致时，以纸质正本文件为准。

（3）投标文件的正本与副本应分别装订，并编制目录，投标文件需分册装订的，具体分册装订要求见投标人须知前附表规定。

3.6.2　【Ⅱ】投标文件全部采用电子文档，除投标人须知前附表另有规定外，投标文件所附证书证件均为原件扫描件，并采用单位和个人数字证书，按招标文件要求在相应位置加盖电子签章。由投标人的法定代表人签字或加盖电子签章的，应附法定代表人身份证明，由代理人签字或加盖电子签章的，应附由法定代表人签署的授权委托书。电子签章的具体要求见投标人须知前附表。

4. 投标

4.1　投标文件的密封和标记

4.1.1　【Ⅰ】投标文件应密封包装，并在封套的封口处加盖投标人单位公章或由投标人的法定代表人或其授权的代理人签字，具体要求见投标人须知前附表。

4.1.1　【Ⅱ】投标人应当按照招标文件和电子招标投标交易平台的要求加密投标文件，具体要求见投标人须知前附表。

4.1.2　【Ⅰ】投标文件封套上应写明的内容见投标人须知前附表。

4.1.3　未按本章第4.1.1项要求密封或加密的投标文件，招标人将予以拒收。

4.2　投标文件的递交

4.2.1　投标人应在投标人须知前附表规定的投标截止时间前递交投标文件。

4.2.2　【Ⅰ】投标人递交投标文件的地点见投标人须知前附表。

4.2.2　【Ⅱ】投标人通过下载招标文件的电子招标投标交易平台递交电子投标文件。

4.2.3　除投标人须知前附表另有规定外，投标人所递交的投标文件不予退还。

4.2.4　【Ⅰ】招标人收到投标文件后，向投标人出具签收凭证。

4.2.4　【Ⅱ】投标人完成电子投标文件上传后，电子招标投标交易平台即时向投标人发出递交回执通知。递交时间以递交回执通知载明的传输完成时间为准。

4.2.5　【Ⅰ】逾期送达的，或者不按照招标文件要求密封的投标文件，招标人应当拒收。

4.2.5　【Ⅱ】逾期送达的投标文件，电子招标投标交易平台将予以拒收。

4.3 投标文件的修改与撤回

4.3.1 在投标截止时间前，投标人可以修改或撤回已递交的投标文件，但应以书面形式通知招标人。

4.3.2 【Ⅰ】投标人修改或撤回已递交投标文件的书面通知应按照本章第3.6.2【Ⅰ】项的要求签字或盖章。招标人收到书面通知后，向投标人出具签收凭证。

4.3.2 【Ⅱ】投标人修改或撤回已递交投标文件的通知应按照本章第3.6.2【Ⅱ】项的要求加盖电子签章。电子招标投标交易平台收到通知后，即时向投标人发出确认回执通知。

4.3.3 投标人撤回投标文件的，招标人自收到投标人书面撤回通知之日起5日内退还已收取的投标保证金。

4.3.4 修改的内容为投标文件的组成部分。修改的投标文件应按照本章第3条、第4条的规定进行编制、密封、标记和递交，并标明“修改”字样。

5. 开标

5.1 【Ⅰ】开标时间和地点

招标人在投标截止时间（开标时间）和投标人须知前附表规定的地点公开开标，并邀请所有投标人的代表准时参加。

5.1 【Ⅱ】开标时间和地点

招标人在投标截止时间（开标时间）通过电子招标投标交易平台公开开标，并邀请所有投标人的代表准时参加。

5.2 【Ⅰ】开标程序

主持人按下列程序进行开标：

（1）宣布开标纪律；

（2）公布在投标截止时间前递交投标文件的投标人名称；

（3）宣布开标人、唱标人、记录人、招标人等有关人员姓名；

（4）检查投标文件的密封情况，按照投标人须知前附表规定的开标顺序当众开标，公布招标项目名称、投标人名称、投标保证金的递交情况、投标报价、服务期限及其他内容，并记录在案；

（5）投标人代表、招标人代表、记录人等有关人员在开标记录上签字确认；

（6）开标结束。

5.2 【Ⅱ】开标程序

招标人根据电子招标投标交易平台系统事先设定的权限按流程进行开标操作：

（1）投标截止时间前，投标人代表、招标人代表登录电子招标投标交易平台；

（2）按招标文件规定的时间，投标人对已递交的电子投标文件进行解密；

（3）检索已经解密的所有投标文件，公布招标项目名称、投标人名称、投标保证金的递交情况、投标报价、服务期限及其他内容，并记录在案；

（4）完成开标记录电子签章确认；

（5）开标结束。

5.3 开标异议（质疑）

投标人对开标有异议（质疑）的，应当在开标现场提出，招标人当场做出答复，并制作记录。

6. 评标

6.1 评标委员会

6.1.1 评标由招标人依法组建的评标委员会负责。评标委员会由招标人代表，以及有关技术、经济等方面的专家组成。评标委员会成员人数以及技术、经济等方面专家的确定方式见投标人须知前附表。

6.1.2 【A】评标委员会成员有下列情形之一的，应当回避：

（1）投标人或投标人主要负责人的近亲属；

（2）主管部门或者行政监督部门的人员；

（3）与投标人有经济利益关系，可能影响投标公正评审的；

（4）曾因在招标、评标以及其他与招标投标有关活动中从事违法行为而受过行政处罚或刑事处罚的；

（5）与投标人有其他利害关系。

6.1.2 【B】评标委员会成员有下列情形之一的，应当回避：

（1）参加采购活动前三年内，与投标人存在劳动关系，或者担任过投标人的董事、监事或者是投标人的控股股东或实际控制人；

（2）与投标人的法定代表人或者负责人有夫妻、直系血亲、三代以内旁系血亲或者近姻亲关系；

（3）与投标人有其他可能影响政府采购活动公平、公正进行的关系。

评审专家发现本人与参加招标采购活动的投标人有利害关系的，应当主动提出回避。招标人或者招标代理机构发现评审专家与参加招标采购活动的投标人有利害关系的，应当要求其回避。

6.1.3 评标过程中，评标委员会成员有回避事由、擅离职守或者因健康等原因不能继续评标的，招标人有权更换。被更换的评标委员会成员做出的评审结论无效，由更换后的评标委员会成员重新进行评审。

6.1.4 评标有关人员对评标情况以及在评标过程中熟悉的国家秘密、商业机密负有保密责任。

6.1.5　评标委员会成员名单在评标结果公告前应保密。

6.2　评标原则

评标活动遵循公平、公正、科学和择优的原则。

6.3　评标

6.3.1　评标委员会按照第三章“评标办法”规定的方法、评审因素、标准和程序对投标文件进行评审。第三章“评标办法”没有规定的方法、评审因素和标准，不作为评标依据。

6.3.2　评标完成后，评标委员会应当向招标人提交书面评标报告和中标候选人名单。评标委员会推荐中标候选人的人数见投标人须知前附表。

6.3.3　【B】符合《〈政府采购促进中小企业发展暂行办法〉的通知》（财库〔2011〕181号）规定条件的小型、微型企业，优先采购，在评审时，投标价格给予6%的扣除，用扣除后的价格参与评审。符合条件的小型、微型企业在参加投标时，应当提供《中小企业声明函》。

6.3.4　【B】符合《关于促进残疾人就业政府采购政策的通知》（财库〔2017〕141号）规定条件的残疾人福利性单位企业视同小型、微型企业，在评审时，投标价格给予6%的扣除，用扣除后的价格参与评审。残疾人福利性单位属于小型、微型企业的，不重复享受优先采购、投标价格扣除政策。符合条件的残疾人福利性单位在参加投标时，应当提供《残疾人福利性单位声明函》。

7.【A】合同授予

7.1　中标候选人公示

招标人在收到评标报告之日起3日内，按照投标人须知前附表规定的公示媒介和期限公示中标候选人，公示期不得少于3天。

7.2　评标结果异议

投标人或者其他利害关系人对评标结果有异议的，应当在中标候选人公示期间提出。招标人将在收到异议之日起3日内做出答复；做出答复前，将暂停招标投标活动。

7.3　中标候选人履约能力审查

中标候选人的经营、财务状况发生较大变化或存在违法行为，招标人认为可能影响其履约能力的，将在发出中标通知书前提请原评标委员会按照招标文件规定的标准和方法进行审查确认。

7.4　定标

按照投标人须知前附表的规定，招标人或招标人授权的评标委员会依法确定中标人。

7.5　中标通知

在本章第3.3款规定的投标有效期内，招标人以书面形式向中标人发出中标通知书，同时将中标结果通知未中标的投标人。

7.6　履约担保

在签订合同前，招标文件要求中标人提交履约担保的，中标人应当按照投标人须知前附表规定的形式、金额提交。经中标人同意，也可将其投标担保抵作履约担保，不足部分由中标人予以补齐。联合体中标的，其履约担保以联合体各方或者联合体牵头人的名义提交。

7.7　签订合同

7.7.1　招标人和中标人应当在中标通知书发出之日起30日内，根据招标文件和中标人的投标文件订立书面合同。中标人无正当理由拒签合同，在签订合同时向招标人提出附加条件，或者不按照招标文件要求提交履约担保的，视为放弃中标，招标人有权取消其中标资格，其投标担保不予退还。

7.7.2　发出中标通知书后，招标人无正当理由拒签合同，或者在签订合同时向中标人提出附加条件的，招标人向中标人退还投标担保；给中标人造成损失的，还应当赔偿损失。

7.7.3　联合体中标的，联合体各方应当共同与招标人签订合同，就中标的招标项目向招标人承担连带责任。

7.【B】合同授予

7.1　中标的确定和公告

7.1.1　招标代理机构在评标结束后2个工作日内将评标报告送达招标人。招标人在收到评标报告后5个工作日内，按照评标报告推荐的中标候选人顺序确定中标人，按照投标人须知前附表的规定，招标人或招标人授权的评标委员会依法确定中标人。5个工作日内，招标人没有书面回复，又不能说明合法理由的，视为确定排序第一的投标人为中标人。

7.1.2　招标代理机构应当自中标人确定之日起2个工作日内，向中标人发出中标通知书，并按照投标人须知前附表的规定，在指定的媒体上发布中标结果公告，招标文件随中标结果同时公告。

7.2　中标结果质疑

7.2.1　投标人认为中标结果使自己的权益受到损害的，可以在中标结果公告期限届满之日起7个工作日内，以书面形式向招标人提出质疑。提出质疑的投标人应当是参与所质疑招标项目采购活动的投标人。

7.2.2　投标人可以委托代理人进行质疑，并提交投标人签署的授权委托书。授权委托书的签署应符合《中华人民共和国政府采购法》及相关规定。

7.2.3 投标人提交的书面质疑函应包括必要的证明材料。书面质疑函的内容应符合《中华人民共和国政府采购法》及相关规定。

7.2.4 招标人应当在收到投标人的书面质疑后7个工作日内做出答复，并以书面形式通知质疑投标人和其他有关投标人，但答复的内容不得涉及商业机密。

7.2.5 质疑事项可能影响中标结果的，招标人应当暂停签订合同，已经签订合同的，应当中止履行合同。

7.3 履约担保

在签订合同前，招标文件要求中标人提交履约担保的，中标人应当按照投标人须知前附表规定的形式、金额提交。经中标人同意，也可将其投标担保抵作履约担保，不足部分由中标人予以补齐。联合体中标的，其履约担保以联合体各方或者联合体中牵头人的名义提交。

7.4 签订合同

7.4.1 招标人和中标人应当在中标通知书发出之日起30日内，根据招标文件和中标人的投标文件订立书面合同。中标人无正当理由拒签合同，在签订合同时向招标人提出附加条件，或者不按照招标文件要求提交履约担保的，视为放弃中标，招标人有权取消其中标资格，其投标保证金不予退还。

7.4.2 发出中标通知书后，招标人无正当理由拒签合同，或者在签订合同时向中标人提出附加条件的，招标人向中标人退还投标担保；给中标人造成损失的，还应当赔偿损失。

7.4.3 联合体中标的，联合体各方应当共同与招标人签订合同，就中标的招标项目向招标人承担连带责任。

8. 重新招标和变更采购方式

8.1 【A】重新招标

有下列情形之一的，招标人将重新招标：

（1）投标截止时间止，投标人少于3个的；

（2）经评标委员会评审后否决所有投标的；

（3）投标人对中标结果提出异议或投诉经核查各参与方违反招标的公正性影响中标结果的。

8.1 【B】重新招标

有下列情形之一的，招标人将重新招标：

（1）招标文件的内容违反法律、行政法规、强制性标准、政府采购政策，或者违反公开透明、公平竞争、公正和诚实信用原则，影响潜在投标人投标的；

（2）招标文件存在不合理条款或者招标程序不符合规定，投标截止后投标人不足 3 个或者通过资格审查或符合性审查的投标人不足 3 个的。

8.2 【A】变更采购方式

重新招标后投标人仍少于 3 个的，当招标文件和招标程序均合法合规时，招标人不再进行招标，可自行选择咨询机构。

8.2 【B】变更采购方式

招标文件没有不合理条款、招标程序符合规定，投标截止后投标人不足 3 个或者通过资格审查或符合性审查的投标人不足 3 个的，招标人依法变更采购方式进行采购。

9. 纪律和监督

9.1 对招标人的纪律要求

招标人不得泄露招标投标活动中应当保密的情况和资料，不得与投标人串通损害国家利益、社会公共利益或者他人合法权益。

9.2 对投标人的纪律要求

投标人不得相互串通投标或者与招标人串通投标，不得向招标人或者评标委员会成员行贿谋取中标，不得以他人名义投标或者以其他方式弄虚作假骗取中标；投标人不得以任何方式干扰、影响评标工作。

9.3 对评标委员会成员的纪律要求

评标委员会成员不得收受他人的财物或者其他好处，不得向他人透露对投标文件的评审和比较、中标候选人的推荐情况以及与评标有关的其他情况。在评标活动中，评标委员会成员应当客观、公正地履行职责，遵守职业道德，不得擅离职守，影响评标程序正常进行，不得使用第三章“评标办法”中没有规定的评审因素和标准进行评标。

9.4 对与评标活动有关的工作人员的纪律要求

与评标活动有关的工作人员不得收受他人的财物或者其他好处，不得向他人透露对投标文件的评审和比较、中标候选人的推荐情况以及与评标有关的其他情况。在评标活动中，与评标活动有关的工作人员不得擅离职守，影响评标程序正常进行。

9.5 【A】投诉

9.5.1 投标人或者其他利害关系人认为招标投标活动不符合法律、行政法规规定的，可以自知道或者应当知道之日起 10 日内向有关行政监督部门投诉。投诉应当有明确的请求和必要的证明材料。

9.5.2 投标人或者其他利害关系人对招标文件、开标和评标结果提出投诉的，应当按照投标人须知第 2.4【A】款、第 5.3 款和第 7【A】条的第 7.2 款的规定先向招标人提出异议。异议答复期间不计算在第 9.5.1 项规定的期限内。

9.5 【B】投诉

质疑人对招标人、招标代理机构的答复不满意或者招标人、招标代理机构未在规定的时间内做出书面答复的，可以在答复期满后15个工作日内向本级财政部门进行投诉。投诉程序按《中华人民共和国政府采购法》及相关规定执行。

10. 是否采用电子招标投标

本招标项目是否采用电子招标投标方式，见投标人须知前附表。

11. 需要补充的其他内容

需要补充的其他内容见投标人须知前附表。

附录 1：开标记录表

开标记录表

招标项目名称：

招标编号：

开标时间：＿＿＿年＿＿＿月＿＿＿日＿＿＿时＿＿＿分

序号	投标人名称	投标保证金	投标报价（元）	咨询服务项目负责人	服务期限	备注	投标人代表签字
最高投标限价：							

招标人代表：＿＿＿　记录人：＿＿＿　监督人：＿＿＿

＿＿＿年＿＿＿月＿＿＿日

附录2：问题澄清通知

问题澄清通知

（编号：____________________）

________________（投标人名称）：

评标委员会对你方的投标文件进行了仔细的审查，现需你方对下列问题以书面形式予以澄清、说明：

1.

2.

……

请将上述问题的澄清、说明于________年________月________日________时前递交至________________________________（详细地址）或传真至__________________________（传真号码）或通过下载招标文件的电子招标交易平台上传。采用传真方式的，应在________年 ________月________日________时前将原件递交至____（详细地址）。

评标委员会：____________（签字）

________年________月________日

附录 3：问题的澄清

问题的澄清

（编号：____________________）

评标委员会：

问题澄清通知（编号：__________）已收悉，现澄清、说明如下：

1.

2.

……

上述问题澄清、说明，不改变我方投标文件的实质性内容，构成我方投标文件的组成部分。

投标人：__________________________（盖单位公章）

或

法定代表人或其委托代理人：____________（签字）

________年________月________日

附录4：中标通知书

中标通知书

＿＿＿＿＿＿＿＿（中标人名称）：

你方于＿＿＿＿＿＿＿＿＿＿＿＿（投标日期）所递交的＿＿＿＿＿＿＿＿＿＿＿＿（项目名称）政府和社会资本合作（PPP）项目选择咨询机构招标的投标文件已被我方接受，被确定为中标人。

中标价：＿＿＿＿＿＿＿元。

咨询服务项目负责人：＿＿＿＿＿＿＿＿。

服务期限：＿＿＿＿＿＿＿＿。

请你方在接到本通知书后的＿＿＿＿日内到＿＿＿＿＿＿＿＿＿＿＿（指定地点）与我方签订咨询服务合同，并按招标文件第二章“投标人须知”第7【A】条的第7.6款（或7【B】条的第7.3款）规定向我方提交履约保证金。

特此通知。

招标人：＿＿＿＿＿＿＿＿（盖单位公章）

＿＿＿年＿＿＿月＿＿＿日

附录5：中标结果通知书

中标结果通知书

______________（未中标人名称）：

我方已接受____________（中标人名称）于____________（投标日期）所递交的____________________（项目名称）政府和社会资本合作（PPP）项目选择咨询机构招标的投标文件，确定____________________（中标人名称）为中标人。

感谢你单位对招标项目的参与！

招标人：______________（盖单位公章）

_____年_____月_____日

附录6：确认通知

确 认 通 知

______________（招标人名称）：

你方于_____年_____月_____日发出的____________________（项目名称）政府和社会资本合作（PPP）项目选择咨询机构招标关于招标文件的澄清/修改的通知，我方已于_____年_____月_____日收到。

特此确认。

投标人：______________________（盖单位公章）

_____年_____月_____日

第三章 【A】评标办法(综合评估法)

【A】评标办法（综合评估法）

评标办法前附表

条款号		评 审 因 素	评 审 标 准
1	评标方法	中标候选人排序方法	综合评分相等时，以咨询服务方案得分高的优先；如果咨询服务方案得分也相等，则按商务部分得分高优先的原则确定中标候选人顺序；商务得分也相等的，评标委员会按少数服从多数的原则投票表决，确定中标候选人顺序
2.1.1	形式评审标准	投标人名称	与营业执照一致
		投标函签字或盖章	由法定代表人或其委托代理人签字或加盖单位公章。由法定代表人签字的，应附法定代表人身份证明，由代理人签字的，应附授权委托书，身份证明或授权委托书应符合第六章“投标文件格式”的规定
		投标文件格式	符合第六章“投标文件格式”的规定
		报价唯一	只能有一个报价且不低于成本，并不高于最高限价（如有）
		联合体投标人	提交符合招标文件要求的联合体协议书，明确各方承担连带责任，并明确联合体牵头人
		……	
2.1.2	资格评审标准	营业执照	符合第二章“投标人须知”第3.5.1项的规定，具备有效的营业执照
		资质要求	符合第二章“投标人须知”第1.4.1项的规定
		信用要求	符合第二章“投标人须知”第1.4.1项的规定
		业绩要求	符合第二章“投标人须知”第1.4.1项的规定
		人员要求	符合第二章“投标人须知”第1.4.1项的规定
		其他要求	符合第二章“投标人须知”第1.4.1项的规定
		联合体投标人	符合第二章“投标人须知”第1.4.2项的规定
		不存在禁止投标的情形	不存在第二章“投标人须知”第1.4.3项规定的任何一种情形
		……	……

续表

<table>
<tr><td colspan="2">条款号</td><td>评 审 因 素</td><td>评 审 标 准</td></tr>
<tr><td rowspan="8">2.1.3</td><td rowspan="8">响应性评审标准</td><td>投标报价</td><td>符合第二章“投标人须知”第3.2款的规定</td></tr>
<tr><td>投标内容</td><td>符合第二章“投标人须知”第1.2.1项的规定</td></tr>
<tr><td>服务期限</td><td>符合第二章“投标人须知”第1.2.2项的规定</td></tr>
<tr><td>投标有效期</td><td>符合第二章“投标人须知”第3.3.1项的规定</td></tr>
<tr><td>投标担保</td><td>符合第二章“投标人须知”第3.4.1项和第3.4.2项的规定</td></tr>
<tr><td>权利义务</td><td>符合第二章“投标人须知”第1.11.1项的规定和第四章“合同条款及格式”中的实质性要求和条件</td></tr>
<tr><td>咨询服务方案</td><td>符合第五章“委托人需求”中的服务要求的完整性和条件</td></tr>
<tr><td>……</td><td></td></tr>
<tr><td colspan="2">2.2.1</td><td>分值构成
（总分100分）</td><td>商务部分：________分（35～45分）
咨询服务方案：________分（45～55分）
投标报价：________分（0～10分）
其他评分因素：________分（如有）</td></tr>
<tr><td colspan="2">条款号</td><td>评 分 因 素</td><td>评 分 标 准</td></tr>
<tr><td rowspan="4">2.2.2
（1）</td><td rowspan="4">商务部分评分标准</td><td>信誉状况</td><td>可以从PPP专项资信评价等级、PPP项目咨询服务获奖等方面设定</td></tr>
<tr><td>类似咨询服务业绩</td><td>类似咨询服务是指与PPP项目有关的可行性论证、实施方案编制、物有所值评价、财政承受能力论证、社会资本遴选、PPP项目合同编制、绩效评价、PPP课题研究等咨询服务业绩</td></tr>
<tr><td>拟委派咨询服务项目负责人、其他主要人员资历和业绩</td><td>人员可以从咨询工程师（投资）、技术、法律、财务、经济、管理、招标采购等专业方面酌情设定</td></tr>
<tr><td>……</td><td></td></tr>
<tr><td rowspan="10">2.2.2
（2）</td><td rowspan="10">咨询服务方案评分标准</td><td>对委托人需求的理解</td><td></td></tr>
<tr><td>服务范围、服务内容</td><td></td></tr>
<tr><td>服务依据、工作目标</td><td></td></tr>
<tr><td>服务团队人员设置和岗位职责，配备保障措施</td><td></td></tr>
<tr><td>工作程序、方法</td><td></td></tr>
<tr><td>质量保障措施</td><td></td></tr>
<tr><td>进度安排及保障措施</td><td></td></tr>
<tr><td>成果性文件</td><td></td></tr>
<tr><td>重点、难点分析</td><td></td></tr>
<tr><td>……</td><td></td></tr>
</table>

续表

条款号		评分因素	评分标准
2.2.2（3）	投标报价评分标准	评标基准价计算方法	商务部分得分与咨询服务方案得分之和从高到低排序： 当有效投标人人数≤5个时，取各投标人有效投标报价的算术平均值；当有效投标人人数>5个时，取前5名的投标人有效投标报价的算术平均值
		投标报价评分计算公式	$投标报价偏差率 = \frac{投标人报价 - 评标基准价}{评标基准价} \times 100\%$ 投标报价得分＝投标报价满分值－｜投标报价偏差率｜×扣分系数×100（例如：当偏差率为正值时，扣分系数为0.2；当偏差率为负值时，扣分系数为0.1；偏差率计算按四舍五入保留两位），最多扣______分
2.2.2（4）	其他因素评分标准（如有）		

1. 评标方法

本次评标采用综合评估法。评标委员会对满足招标文件实质性要求的投标文件，按照本章第2.2款规定的评分标准进行打分，并按得分由高到低的顺序推荐中标候选人，或根据招标人授权直接确定中标人，但投标报价低于其成本的除外。综合评分相等时，以咨询服务方案得分高的优先；如果咨询服务方案得分也相等，则按商务部分得分高优先的原则确定中标候选人顺序；商务得分也相等的，评标委员会按少数服从多数的原则投票表决，确定中标候选人顺序。

2. 评审标准

2.1 初步评审标准

2.1.1 形式评审标准见评标办法前附表。

2.1.2 资格评审标准见评标办法前附表。

2.1.3 响应性评审标准见评标办法前附表。

2.2 详细评审标准

2.2.1 分值构成

（1）商务部分见评标办法前附表；

（2）咨询服务方案见评标办法前附表；

（3）投标报价见评标办法前附表；

（4）其他评分因素（如有）见评标办法前附表。

2.2.2 评分标准

（1）商务部分评分标准见评标办法前附表；

（2）咨询服务方案评分标准见评标办法前附表；

（3）投标报价评分标准见评标办法前附表；

（4）其他因素评分标准（如有）见评标办法前附表。

3. 评标程序

3.1 初步评审

3.1.1 评标委员会依据本章第2.1款规定的标准对投标文件进行初步评审。有一项不符合评审标准的，评标委员会应当否决其投标。

3.1.2 投标人有以下情形之一的，评标委员会应当否决其投标：

（1）投标文件没有对招标文件的实质性要求和条件做出响应；

（2）有串通投标、弄虚作假、行贿等违法行为。

3.1.3 投标报价有算术错误，评标委员会按以下原则要求投标人对投标报价进行修正，并要求投标人书面澄清确认。投标人拒不澄清确认的，评标委员会应当否决其投标：

（1）投标文件中的大写金额与小写金额不一致的，以大写金额为准；

（2）投标总报价与分项报价合计不一致的，以分项报价的合计为准，但分项报价小数点有明显错误的除外。

3.2 投标文件的澄清

3.2.1 在评标过程中，评标委员会可以书面形式要求投标人对投标文件中含义不明确、对同类问题表述不一致或者有明显文字和计算错误的内容做必要的澄清、说明。澄清、说明应以书面方式进行。评标委员会不接受投标人主动提出的澄清、说明。

3.2.2 澄清、说明不得超出投标文件的范围且不得改变投标文件的实质性内容，并构成投标文件的组成部分。

3.3 详细评审

3.3.1 评标委员会按本章第2.2款规定的量化因素和分值进行打分，并计算出综合评估得分。

（1）按本章第2.2.2（1）目规定的评审因素和分值对商务部分计算出得分；

（2）按本章第2.2.2（2）目规定的评审因素和分值对咨询服务方案计算出得分；

（3）按本章第2.2.2（3）目规定的评审因素和分值对投标报价计算出得分；

（4）按本章第2.2.2（4）目规定的评审因素和分值对其他部分计算出得分（如有）。

3.3.2 评分分值计算保留小数点后两位，小数点后第三位“四舍五入”。

3.3.3 投标人得分＝商务部分得分＋咨询服务方案得分＋投标报价得分＋其他部分得分（如有）。

3.3.4 评标委员会发现投标人的报价明显低于其他投标报价，使得其投标报价可能低于其个别成本的，应当要求该投标人做出书面说明并提供相应的证明材料。投标人不能合理说明或者不能提供相应证明材料的，评标委员会应当认定该投标人以低于成本报价竞标，并否决其投标。

3.4 评标结果

3.4.1 除第二章投标人须知前附表授权直接确定中标人外，评标委员会按照得分由高到低的顺序推荐中标候选人，并标明排序。

3.4.2 评标委员会完成评标后，应当向招标人提交书面评标报告和中标候选人名单。

3.4.3 评标委员会对需要共同认定的事项存在争议的，应当按照少数服从多数的原则得出结论。持不同意见的评标委员会成员应当在评标报告上给出不同意见及理由，否则视为同意评标报告。

第三章 【B】评标办法(综合评分法)

【B】评标办法(综合评分法)

评标办法前附表

条款号		评审因素	评审标准
1	评标方法	中标候选人排序方法	综合评分相等时，以咨询服务方案得分高的优先；如果咨询服务方案得分也相等，则按商务部分得分高优先的原则确定中标候选人顺序；商务得分也相等的，评标委员会按少数服从多数的原则投票表决，确定中标候选人顺序
2.1	资格审查标准	营业执照	符合第二章“投标人须知”第3.5.1项的规定，具备有效的营业执照，投标人名称与营业执照一致
		资质要求	符合第二章“投标人须知”第1.4.1项的规定
		信用要求 （如作为资格条件，将不得作为评分因素）	符合第二章“投标人须知”第1.4.1项的规定
		业绩要求 （如作为资格条件，将不得作为评分因素）	符合第二章“投标人须知”第1.4.1项的规定
		人员要求 （如作为资格条件，将不得作为评分因素）	符合第二章“投标人须知”第1.4.1项的规定
		其他要求	符合第二章“投标人须知”第1.4.1项的规定
		联合体投标人	符合第二章“投标人须知”第1.4.2项的规定
		不存在禁止投标的情形	不存在第二章“投标人须知”第1.4.3项规定的任何一种情形
		……	
2.2	符合性评审标准	投标函签字或盖章	有法定代表人或其委托代理人签字或加盖单位公章。由法定代表人签字的，应附法定代表人身份证明，由代理人签字的，应附授权委托书，身份证明或授权委托书应符合第六章“投标文件格式”的规定
		投标文件格式	符合第六章“投标文件格式”的规定
		报价唯一	只能有一个报价
		联合体投标人	提交符合招标文件要求的联合体协议书，明确各方承担连带责任，并明确联合体牵头人
		投标报价	符合第二章“投标人须知”第3.2款的规定

续表

条款号		评审因素	评审标准
2.2	符合性评审标准	投标内容	符合第二章“投标人须知”第1.2.1项的规定
		服务期限	符合第二章“投标人须知”第1.2.2项的规定
		投标有效期	符合第二章“投标人须知”第3.3.1项的规定
		投标保证金	符合第二章“投标人须知”第3.4.1项和第3.4.2项的规定
		权利义务	符合第二章“投标人须知”第1.11.1项的规定和第四章“合同条款及格式”中的实质性要求和条件
		咨询服务方案	符合第五章“委托人需求”中的服务要求的完整性和条件
		……	
2.3.1		分值构成 （总分100分）	商务部分：________分（35~45分） 咨询服务方案：________分（45~55分） 投标报价：________分（0~10分） 其他评分因素：________分（如有）
条款号		评审因素	评分标准
2.3.2 （1）	商务部分评分标准	信誉状况	（可以从PPP专项资信评价等级、PPP项目咨询服务获奖等方面设定）
		类似咨询服务业绩	（类似咨询服务是指与PPP项目有关的可行性论证、实施方案编制、物有所值评价、财政承受能力论证、社会资本遴选、PPP项目合同编制、绩效评价、PPP课题研究等咨询服务业绩）
		拟委派咨询服务项目负责人、其他主要人员资历和业绩	（人员可以从咨询工程师（投资）、技术、法律、财务、经济、管理、招标采购等专业方面酌情设定）
		……	
2.3.2 （2）	咨询服务方案评分标准	对委托人需求的理解	
		服务范围、服务内容	
		服务依据、工作目标	
		服务团队人员设置和岗位职责，配备保障措施	
		工作程序、方法	
		质量保障措施	
		进度安排及保障措施	
		成果性文件	
		重点、难点分析	
		……	

续表

条款号		评 审 因 素	评 分 标 准
2.3.2（3）	投标报价评分标准	评标基准价计算方法	满足招标文件要求且投标价格最低的投标报价为评标基准价
		投标报价评分计算公式	投标报价得分 =（评标基准价/投标报价）×投标报价评分权重×100
		小型、微型企业及残疾人福利性单位对价格的扣除	（1）符合《〈政府采购促进中小企业发展暂行办法〉的通知》（财库〔2011〕181 号）规定条件的小型、微型企业，投标价格给予 6% 的扣除，用扣除后的价格参与评审。 （2）符合《关于促进残疾人就业政府采购政策的通知》（财库〔2017〕141 号）规定条件的残疾人福利性单位企业视同小型、微型企业，投标价格给予 6% 的扣除，用扣除后的价格参与评审。残疾人福利性单位属于小型、微型企业的，不重复享受优先采购、投标价格扣除政策
2.3.2（4）	其他因素评分标准（如有）		

1. 评标方法

本次评标采用综合评分法。评标委员会对满足招标文件实质性要求的投标文件进行综合比较和评价，按照本章第 2.3 款规定的评分标准进行打分，并按投标人综合评分由高到低顺序推荐中标候选人，或根据招标人授权直接确定中标人，但投标报价明显低于通过符合性审查的其他投标人报价且不能证明其报价合理性的除外。综合评分相等时，以咨询服务方案得分高的优先；如果咨询服务方案得分也相等，则按商务部分得分高优先的原则确定中标候选人顺序；商务得分也相等的，评标委员会按少数服从多数的原则投票表决，确定中标候选人顺序。

2. 评标标准

2.1 资格审查标准见评标办法前附表

2.2 符合性审查标准见评标办法前附表

2.3 分值构成与评分标准

2.3.1 分值构成

（1）商务部分见评标办法前附表；

(2) 咨询服务方案见评标办法前附表;

(3) 投标报价见评标办法前附表;

(4) 其他评分因素(如有)见评标办法前附表。

2.3.2 评分标准

(1) 商务部分评分标准见评标办法前附表;

(2) 咨询服务方案评分标准见评标办法前附表;

(3) 投标报价评分标准见评标办法前附表;

(4) 其他因素评分标准(如有)见评标办法前附表。

3. 评标程序

3.1 资格审查

3.1.1 开标结束后,招标人或者招标代理机构依法对投标人的资格进行审查。

3.1.2 招标人或招标代理机构依据本章第2.1款规定的标准对投标人的资格进行审查,有一项不符合评审标准的,不予通过资格审查。

3.1.3 评标委员会对资格审查合格的投标文件进行评审。资格审查合格投标人不足3家的,不得评标。

3.2 符合性审查

3.2.1 评标委员会对符合资格的投标人的投标文件进行符合性审查,以确定其是否满足招标文件的实质性要求。

3.2.2 评标委员会依据本章第2.2款规定的标准对投标文件进行符合性审查,有一项不符合评审标准的,不予通过符合性审查。

3.2.3 投标人有以下情形之一的,评标委员会应当将其作为无效投标处理:

(1) 投标文件没有对招标文件的实质性要求和条件作出响应;

(2) 评标委员会认为投标人的报价明显低于其他通过符合性审查投标人的报价,有可能影响咨询服务质量或者不能诚信履约的,应当要求其在评标现场合理的时间内提供书面说明,必要时提交相关证明材料;投标人不能证明其报价合理性的;

(3) 有串通投标、弄虚作假、行贿等违法行为。

3.2.4 投标报价有算术错误,评标委员会按以下原则要求投标人对投标报价进行修正,并要求投标人书面澄清确认。投标人拒不澄清确认的,将其作为无效投标处理:

(1) 投标文件中的大写金额与小写金额不一致的,以大写金额为准;

(2) 投标总报价与分项报价的合计不一致的,以分项报价的合计为准,但分项报价小数点有明显错误的除外。

3.3 投标文件的澄清

3.3.1 在评标过程中,评标委员会可以书面形式要求投标人对投标文件中含义不明确、对同类问题表述不一致或者有明显文字和计算错误的内容做必要的澄清、说明。澄清、说明应以书面方式进行。评标委员会不接受投标人主动提出的澄清、说明。

3.3.2　投标人的澄清、说明应当采用书面形式，并加盖公章，或者由法定代表人或其授权的代表签字。投标人的澄清、说明不得超出投标文件的范围或者改变投标文件的实质性内容。

3.4　综合比较与评价

3.4.1　评标委员会按本章第2.3款规定的量化因素和分值进行打分，并计算出综合比较与评价得分。

（1）按本章第2.3.2（1）目规定的评审因素和分值对商务部分计算出得分；

（2）按本章第2.3.2（2）目规定的评审因素和分值对咨询服务方案计算出得分；

（3）按本章第2.3.2（3）目规定的评审因素和分值对投标报价计算出得分；

（4）按本章第2.3.2（4）目规定的评审因素和分值对其他部分计算出得分（如有）。

3.4.2　评分分值计算保留小数点后两位，小数点后第三位“四舍五入”。

3.4.3　投标人得分 = 商务部分得分 + 咨询服务方案得分 + 投标报价得分 + 其他部分得分（如有）。

3.5　评标结果

3.5.1　除第二章投标人须知前附表授权直接确定中标人外，评标委员会按照得分由高到低的顺序推荐中标候选人，并标明排序。

3.5.2　评标委员会完成评标后，应当向招标人提交书面评标报告和中标候选人名单。

3.5.3　评标委员会对需要共同认定的事项存在争议的，应当按照少数服从多数的原则得出结论。持不同意见的评标委员会成员应当在评标报告上给出不同意见及理由，否则视为同意评标报告。

第四章　合同条款及格式

第一节　合同协议书

委托人（全称）：________________________

受托人（全称）：________________________

根据《中华人民共和国合同法》及其他有关法律、行政法规，遵循平等、自愿、公平和诚信的原则，双方就下述____________________（项目名称）政府和社会资本合作（PPP）项目的咨询服务事项协商一致，订立本合同。

一、项目概况

1. 项目名称：________________________

2. 项目地点：________________________

3. 项目规模：________________________

4. 项目投资估算：________________________

5. 其他：________________________

二、咨询服务范围、服务内容

□采用 PPP 模式可行性论证，服务的内容：________________

□实施方案编制，服务的内容：________________

□物有所值评价，服务的内容：________________

□财政承受能力论证，服务的内容：________________

□PPP 项目合同编制与咨询，服务的内容：________________

□招标采购与咨询，服务的内容：________________

□绩效评价，服务的内容：________________

其他：________________________

（委托人根据需要选择一至多个服务范围，自行确定。）

三、咨询服务期限及进度要求

1. 咨询服务期限：________________________

2. 进度要求：________________________

四、合同金额与付款方式

1. 合同金额：人民币（大写）________（￥________）。

2. 付款方式

2.1　预付款：合同生效后7天内，委托人向受托人支付合同金额的30%，人民币（大写）________（¥________）。

2.2　进度款：

受托人完成PPP模式可行性论证，并向委托人提供咨询服务成果文件后7天内，委托人向受托人支付合同金额的________%，人民币（大写）________（¥________）；

受托人完成实施方案编制、物有所值评价、财政承受能力论证，并向委托人提供咨询服务成果文件后7天内，委托人向受托人支付合同金额的________%，人民币（大写）________（¥________）；

受托人完成PPP项目合同编制后7天内，委托人向受托人支付合同金额的________%，人民币（大写）________（¥________）；

受托人完成招标采购文件编制后7天内，委托人向受托人支付合同金额的________%，人民币（大写）________（¥________）；

受托人完成招标采购、采购结果确认谈判后7天内，委托人向受托人支付合同金额的________%，人民币（大写）________（¥________）；

……

委托人向受托人支付款项前，受托人应当向委托人提供相应金额的发票。

五、咨询成果文件交付及验收

1. 咨询成果文件交付

受托人向委托人交付咨询服务成果文件的种类、形式、份数和交付时间如下：

序号	文件名称	形式	份数	交付时间	备注
1					
2					
……					

2. 咨询成果文件验收

委托人收到受托人交付的咨询服务成果文件的7日内，按________（评审、审查或其他）方式，对受托人完成的咨询服务成果文件进行验收，验收合格的，出具书面的完成证明。

六、委托人提供的资料

委托人向受托人提供与咨询服务有关的如下资料，供受托人使用：

序号	名称	份数	提供时间	备注
1				
2				
……				

在本合同履行过程中，委托人应及时向受托人提供最新的与咨询服务有关的资料。

七、咨询服务项目负责人：__________电话：__________

八、履约保证金

受托人应向委托人提交履约保证金，履约保证金提交方式：________，履约保证金金额：________。

九、奖励

1. 本项目申报财政部、国家发展和改革委员会等国家级行业主管部门 PPP 示范项目成功；

2. 受托人提出的模式创新、咨询服务方案优化，使得项目节约投资。

满足以上条件，委托人应酌情给予受托人一定的奖励。奖励的金额________，支付方式：________。

十、合同组成

1. 合同协议书；
2. 合同条款；
3. 中标通知书；
4. 投标函；
5. 委托人需求；
6. 投标报价清单；
7. 咨询服务方案；
8. 其他文件。

十一、争议解决

1. 协商

双方应本着诚信原则协商解决彼此间的争议。

2. 调解

如果双方不能在________天内或双方商定的其他时间内解决本合同争议，可以将其提交__________________________进行调解。

3. 仲裁或诉讼

合同争议的最终解决方式为下列第________种方式：

（1）提请__________________仲裁委员会进行仲裁。

（2）向____________________人民法院提起诉讼。

十二、合同份数

本合同协议书一式________份，合同双方各执________份。

十三、合同未尽事宜，双方另行签订补充协议。补充协议是合同的组成部分

十四、合同订立

1. 合同订立时间：________年________月________日

2. 合同订立地点：______________________________

委托人：__________（盖单位公章）	受托人：__________（盖单位公章）
法定代表人或	法定代表人或
其委托代理人：__________（签字）	其委托代理人：__________（签字）
地　　址：____________________	地　　址：____________________
邮　　编：____________________	邮　　编：____________________
联 系 人：____________________	联 系 人：____________________
电　　话：____________________	电　　话：____________________
传　　真：____________________	传　　真：____________________
电子邮件：____________________	电子邮件：____________________
开户银行：____________________	开户银行：____________________
账　　号：____________________	账　　号：____________________
______年____月____日	______年____月____日

第二节　合 同 条 款

1. 定义与解释

1.1　定义

除根据上下文另有意义外，组成本合同的全部文件中的下列名词和用语应具有本款所赋予的含义：

1.1.1　“项目”是指本合同约定并为之提供咨询服务的采用政府和社会资本合作（PPP）模式实施的项目。

1.1.2　“咨询服务”是指按本合同协议书约定的为本项目提供的咨询。

1.1.3　“委托人”是指本合同中委托政府和社会资本合作（PPP）项目咨询的一方及其合法的继承人。

1.1.4　“受托人”指本合同中提供政府和社会资本合作（PPP）项目咨询服务的一方，包括其合法继承人。

1.1.5　“咨询服务团队”是指受托人组建的负责履行本合同咨询服务的组织机构。

1.1.6　“咨询服务项目负责人”是指由受托人的法定代表人书面授权，全面负责履行本合同、主持项目咨询服务的人员。

1.1.7　“咨询服务费”是指受托人履行本合同义务，委托人按照本合同约定支付受托人的费用。

1.1.8　“一方”是指委托人或受托人；“双方”是指委托人和受托人；“第三方”是指除委托人和受托人以外的有关方。

1.1.9　“书面形式”是指合同书、信件和数据电文（包括电报、电传、传真、电子数据交换和电子邮件）等可以有形地表现所载内容的形式。

1.1.10　“天”除特别指明外，指日历天。合同中按天计算时间的，开始当天不计入，从次日开始计算。期限最后一天的截止时间为当天24：00。

1.1.11　“不可抗力”是指委托人和受托人在订立本合同时不可预见，在合同履行过程中不可避免发生并不能克服的自然灾害和社会性突发事件，如地震、海啸、瘟疫、骚乱、戒严、暴动、战争等情形。

1.2　解释

1.2.1　语言

本合同使用中文书写、解释和说明。

1.2.2　组成本合同的下列文件彼此应能相互解释、互为说明，如果合同文件之间存在矛盾或不一致之处，以下列文件的排列顺序在先者为准。

（1）合同协议书；
（2）合同条款；
（3）中标通知书；
（4）投标函；
（5）委托人需求；
（6）投标报价清单；
（7）咨询服务方案；
（8）其他文件。

双方签订的补充协议与其他文件发生矛盾或歧义时，应以最新签署的为准。

2. 委托人的义务和权利

2.1　委托人义务

2.1.1　提供工作条件

2.1.1.1　委托人应向受托人提供便利条件，以便受托人完成咨询服务。

2.1.1.2　委托人应协调与咨询服务有关的必要的外部关系，为受托人履行本合同提供必要的外部条件。

2.1.2　审核与答复

2.1.2.1　对受托人以书面形式提交并要求审核或做出决定的事宜，委托人应在7天内给予书面答复。逾期未答复的，视为委托人认可。

2.1.2.2　委托人应及时审核受托人提交的相关文件，协调并解决在合同履行过程中由受托人提出的重大问题。

2.1.3　支付

委托人应按本合同协议书约定，向受托人支付相应的咨询服务费。

2.2　委托人权利

2.2.1　委托人有权得到合同约定的咨询服务。

2.2.2　委托人有权随时了解合同履行的相关情况，随时检查受托人工作并对其审查监督。

2.2.3　委托人有权决定是否同意受托人调换咨询服务项目负责人及要求受托人更换不称职的咨询服务团队人员。

3. 受托人的义务和权利

3.1　受托人义务

3.1.1　受托人按照合同约定的时间、范围完成咨询服务。

3.1.2　咨询服务依据

受托人依据现行的国家、地方、行业等相关政策法规开展咨询服务。

3.1.3　咨询服务团队人员

3.1.3.1　受托人应组建满足工作需要的咨询服务团队，配备必要的办公设施。咨询服务团队的主要人员应具有相应的能力。

3.1.3.2　本合同履行过程中，咨询服务项目负责人及重要岗位服务人员应保持相对稳定，以保证咨询服务正常进行。

3.1.3.3　受托人可根据咨询服务项目进展和工作需要调整咨询服务团队人员。受托人更换咨询服务项目负责人时，应提前5天向委托人书面报告，经委托人同意后方可更换；受托人更换咨询服务团队其他人员，应以相当资格与能力的人员替换，并通知委托人。

3.1.3.4　受托人应及时更换有下列情形之一的团队成员：

（1）有违法行为的；

（2）有重大过失行为的；

（3）不能胜任岗位职责的。

3.1.4　履行职责

3.1.4.1　受托人应遵循职业道德准则和行为规范，严格按照法律法规、相关标准及本合同履行职责。

3.1.4.2　受托人应当对与咨询服务有关的其他咨询服务方的关系进行协调。

3.1.5　文件资料

在本合同履行期内，受托人应保留工作所用的图纸、报告及记录咨询服务的相关文件。咨询服务完成后，应当按照档案管理规定将有关文件归档。

3.2　受托人权利

3.2.1　受托人有权按照合同取得相应咨询服务费。

3.2.2　受托人有权就咨询服务事项提出合理化建议。

4. 文档管理

4.1　咨询服务文件档案资料的收集、整理、归档，由咨询服务项目负责人落实专人具体实施。

4.2　在咨询服务完成后将委托人资料和按照合同提交的咨询服务成果文件向委托人移交。未征得委托人同意，不得泄露与本项目有关的保密资料。

5. 违约责任

5.1　委托人的违约责任

委托人未履行本合同义务的，应承担相应的责任。

5.1.1　委托人不能按时提供技术资料或工作条件或提供技术资料不准确，导致受托人无法按期完成并提交咨询服务成果文件的，受托人有权按延误的时间予以顺延；造成咨询服务成果文件返工或修改时，委托人应按实际完成的工作量增付费用。

5.1.2　委托人因故要求中途终止合同时，应及时书面通知受托人。若受托人已开展工作，委托人应按受托人实际完成的工作量支付相应的费用。

5.1.3　委托人未在约定时间内支付相应合同金额的，从应支付相应合同金额的次日起计算，每延误一天，向受托人按应付金额的________支付违约金。

5.2　受托人的违约责任

5.2.1　受托人未按合同约定日期提交咨询服务成果文件时，受托人从应提交日期的次日起计算，每延误一天，向委托人赔偿应收合同金额的________作为违约金，委托人有权从受托人提交的履约保证金中扣除或履约保函中提取。

5.2.2　受托人提供的咨询成果存在错误或不合格信息而导致委托人损失的，受托人有责任采取补救措施，并按实际情况赔偿委托人因此而造成的直接损失，同时，向委托人赔偿该合同金额的________作为违约金，委托人有权从受托人提交的履约保证金中扣除或履约保函中提取。

5.2.3　当受托人的履约保证金扣完或履约保函提取完，不足部分继续从合同中扣除，最高不超过合同金额（扣除税金）。

5.3　免责条款

5.3.1　因非受托人的原因，且受托人无过错，发生委托人风险及损失，受托人不承担赔偿责任。

5.3.2　受托人对委托人决策（该决策非受托人提供错误咨询意见引起）不承担责任。

5.3.3　因不可抗力对合同履行造成的影响，受托人不承担责任。因不可抗力导致本合同全部或部分不能履行时，双方各自承担其因此而造成的损失、损害。

5.3.4　受托人的其他免责条款，由双方另行约定。

6. 合同生效、变更、中止与解除、终止

6.1　生效

委托人和受托人的法定代表人或其委托代理人在协议书上签字并盖单位公章后本合同生效。

6.2　变更

6.2.1　任何一方提出变更请求时，双方经协商一致后可进行变更。

6.2.2　除不可抗力外，因非受托人原因导致受托人履行合同期限延长、内容增加时，受托人应当将此情况与可能产生的影响及时通知委托人。增加的咨询服务时间、服务

内容应视为附加工作。附加工作的咨询服务费由双方商议确定。

6.2.3　合同签订后，遇有与咨询服务相关的法律法规、标准颁布或修订的，双方应遵照执行。由此引起咨询服务的范围、时间、费用变化的，双方应通过协商进行相应调整。

6.2.4　因咨询服务范围的变化导致受托人的正常工作量减少时，正常工作咨询服务费应做相应调整。调整方法由双方商议确定。

6.3　中止与解除

除双方协商一致可以解除本合同外，当一方无正当理由未履行本合同约定的义务时，另一方可以根据本合同约定中止履行本合同直至解除本合同。

6.3.1　在本合同有效期内，由于双方无法预见和控制的原因导致本合同全部或部分条款无法继续履行或继续履行已无意义，经双方协商一致，可以解除本合同或受托人的部分义务。在解除之前，受托人应做出合理安排，使开支减至最小。

因解除本合同或解除受托人的部分义务导致受托人遭受的损失，除依法可以免除责任的情况外，应由委托人予以补偿，补偿金额由双方协商确定。

解除本合同的协议必须采取书面形式，协议未达成之前，本合同仍然有效。

6.3.2　在合同有效期内，某一阶段的咨询服务成果文件或文本已经得到委托人的认可确认，但需要相关部门会议通过或审批。由于非受托人的原因，相关部门未能召开会议或否定项目实施，导致项目实施暂停，应视为按照合同约定受托人的某一阶段的咨询服务已经完成，委托人应全额支付受托人该阶段的费用。

6.3.3　在本合同有效期内，因非受托人的原因导致项目全部或部分暂停，委托人应通知受托人要求暂停全部或部分工作，受托人应立即安排停止工作。除不可抗力外，由此导致受托人遭受的损失应由委托人予以补偿。

6.3.4　当受托人无正当理由未履行本合同约定的义务时，委托人应通知受托人限期改正。若委托人在受托人接到通知后的 7 天内未收到受托人书面形式的合理解释，则可在 14 天内发出解除本合同的通知，自通知到达受托人时本合同解除。委托人应支付至限期改正通知到达受托人之日止已完成咨询服务的费用，但受托人应承担第 5.2 款约定的责任。

6.3.5　受托人在合同约定的支付之日起 28 天后仍未收到委托人按本合同约定应付的款项，可向委托人发出催付通知。委托人接到催款通知 14 天后仍未支付或未提出受托人可以接受的延期支付安排，受托人可向委托人发出暂停工作的通知并可自行暂停全部或部分工作。暂停工作后 14 天内受托人仍未获得委托人应付款项或委托人的合理答复，受托人可向委托人发出解除本合同的通知，自通知到达委托人时本合同解除。委托人应承担第 5.1 款约定的责任。

6.3.6　因不可抗力致使本合同部分或全部不能履行时，一方应立即通知另一方，可中止或解除本合同。

6.3.7　本合同解除后，本合同约定的有关结算、清理、争议解决方式的条件仍然有效。

6.4　终止

以下条件全部满足时，本合同即告终止：

（1）受托人完成本合同约定的全部工作；

（2）委托人与受托人结清并支付全部合同金额。

7. 其他

7.1　保密

双方不得泄露对方申明的保密资料，亦不得泄露其他参加方所提供的保密资料。

7.2　通知

本合同涉及的通知均应当采用书面形式，并在送达对方时生效，收件人应书面签收。

7.3　知识产权

7.3.1　委托人提供给受托人的技术资料以及反映委托人要求的或其他类似性质的文件的著作权属于委托人，受托人可以为实现合同目的而复制、使用此类文件，但不能用于与合同无关的其他事项。未经委托人书面同意，受托人不得为了合同以外的目的而复制、使用上述文件或将之提供给任何第三方。

7.3.2　受托人为项目所编制的咨询服务成果文件，在委托人完全支付合同金额后，除署名权以外的著作权属于委托人。未经委托人书面同意，受托人不得为了本合同以外的目的而复制、使用上述文件或将之提供给任何第三方。

7.3.3　合同双方保证在履行合同过程中不侵犯对方及第三方的知识产权。受托人在实施咨询服务时，因侵犯他人的专利权或其他知识产权所引起的责任，由受托人承担；因委托人提供的技术资料导致侵权的，由委托人承担责任。

7.3.4　合同双方均有权在不损害对方利益和保密约定的前提下，在自己宣传用的印刷品或其他出版物上，或申报奖项时等情形下公布有关项目的文字和图片材料。

7.4　联合体

7.4.1　联合体各方应共同与委托人签订合同协议书。联合体各方应为履行合同向委托人承担连带责任。

7.4.2　联合体协议应当约定联合体各成员工作分工，经委托人确认后作为合同附件。在履行合同过程中，未经委托人同意，不得修改联合体协议。

7.4.3 联合体牵头人负责与委托人联系，并接受指示，负责组织联合体各成员全面履行合同。

7.5 分包

受托人可以将咨询服务部分工作分包给具备相应能力的服务机构，但是分包单位的确认必须经委托人的认可。受托人作为总包单位，就分包的咨询服务承担连带责任。

附录：履约保函格式

如采用履约保函，格式如下。

履约保函

__________________（委托人名称）：

鉴于_____________（委托人名称，以下简称“委托人”）接受_____________（受托人名称，以下简称“受托人”）于______年______月______日参加_____________（项目名称）政府和社会资本合作（PPP）项目选择咨询机构招标的投标。我方愿意无条件地、不可撤销地就受托人履行与你方订立的合同，向你方提供担保。

1. 担保金额人民币（大写）________（¥________）。

2. 担保有效期自委托人与受托人签订的合同生效之日起至完成合同范围内全部咨询服务或服务期限届满之日起28天后失效。

3. 在本担保有效期内，如果受托人不履行合同约定的义务或其履行不符合合同的约定，我方在收到你方以书面形式提出的在担保金额内的赔偿要求后，在7天内无条件支付。

担保人名称：________________（盖单位公章）

法定代表人或其委托代理人：________（签字）

地　　址：________________________

邮政编码：________________________

电　　话：________________________

______年______月______日

第五章　委托人需求

委托人需求

（委托人需求应尽可能清晰、准确、全面，对于服务范围、服务内容、服务期限、成果性文件要求等需要投标人提供的有关政府和社会资本合作（PPP）项目咨询服务，在本章节中应明确。）

1. 服务范围、服务内容：

□采用 PPP 模式可行性论证，服务的内容：____________________

□实施方案编制，服务的内容：____________________

□物有所值评价，服务的内容：____________________

□财政承受能力论证，服务的内容：____________________

□PPP 项目合同编制与咨询，服务的内容：____________________

□招标采购与咨询，服务的内容：____________________

□绩效评价，服务的内容：____________________

其他：____________________

（委托人根据需要选择一至多个服务范围，自行确定。）

2. 服务期限：____________________

3. 进度要求：____________________

4. 成果性文件：____________________

5. 其他要求：____________________

第六章　投标文件格式

______________________（项目名称）

政府和社会资本合作（PPP）项目选择咨询机构

投 标 文 件

（招标编号：______________________）

投标人：______________________（盖单位公章）

__________年__________月__________日

目　　录

一、投 标 函

＿＿＿＿＿＿＿(招标人名称)：

1. 我方已仔细研究了＿＿＿＿＿＿＿＿＿＿＿＿(项目名称)政府和社会资本合作（PPP）项目选择咨询机构招标文件的全部内容，愿意以人民币（大写）＿＿＿＿（¥＿＿＿＿）的投标总报价，咨询服务项目负责人：＿＿＿＿，服务期限：＿＿＿＿，按合同约定完成咨询服务。

2. 我方的投标文件包括下列内容：

（1）投标函；

（2）法定代表人身份证明或授权委托书；

（3）联合体协议书（如有）；

（4）投标保证金（如有）；

（5）投标报价清单；

（6）资格审查及商务评审资料；

（7）咨询服务方案；

……

投标文件的上述组成部分如存在内容不一致的，以投标函为准。

3. 我方承诺响应招标文件的全部要求。

4. 我方承诺在招标文件规定的投标有效期内不撤销或修改投标文件。

5. 如我方中标，我方承诺：

（1）在收到中标通知书后，在中标通知书规定的期限内与你方签订合同；

（2）在签订合同时不向你方提出附加条件；

（3）按照招标文件要求提交履约保证金；

（4）在合同约定的期限内完成合同规定的全部义务。

6. 我方在此声明，所递交的投标文件及有关资料内容完整、真实和准确，且不存在第二章“投标人须知”第 1.4.3 项规定的任何一种情形。

7. ＿＿＿＿＿＿＿＿＿＿＿＿＿＿＿＿＿＿＿＿(其他补充说明)。

投标人：＿＿＿＿＿＿＿＿＿＿(盖单位公章)

或

法定代表人或其委托代理人：＿＿＿＿＿(签字)

地　　址：________________________
网　　址：________________________
电　　话：________________________
传　　真：________________________
邮政编码：________________________

____年____月____日

二、 法定代表人身份证明（适用于无委托代理人的情况）

投标人名称：________________________________

姓名：________ 性别：________年龄：________职务：________

系________________________________（投标人名称）的法定代表人。

特此证明。

附：法定代表人身份证复印件

注：本身份证明需由投标人加盖单位公章。

投标人：____________（盖单位公章）

______年______月______日

二、 授权委托书（适用于有委托代理人的情况）

本人________（姓名）系__________________（投标人名称）的法定代表人，现委托________（姓名）为我方代理人。代理人根据授权，以我方名义签署、澄清确认、递交、撤回、修改本招标项目投标文件，签订合同和处理有关事宜，其法律后果由我方承担。

委托期限：____________________________。

代理人无转委托权。

附：法定代表人身份证复印件及委托代理人身份证复印件

注：本授权委托书需由投标人加盖单位公章并由其法定代表人和委托代理人签字。

投标人：________________________（盖单位公章）

法定代表人：____________________（签字或盖章）

身份证号码：________________________________

委托代理人：________________________（签字）

身份证号码：________________________________

______年______月______日

三、 联合体协议书

＿＿＿＿＿＿＿＿＿＿（所有成员单位名称）自愿组成＿＿＿＿＿＿＿＿＿＿＿＿（联合体名称）联合体，共同参加＿＿＿＿＿＿＿＿＿＿＿＿＿＿＿（项目名称）政府和社会资本合作（PPP）项目选择咨询机构招标的投标。现就联合体投标事宜订立如下协议。

1. ＿＿＿＿＿＿＿＿＿＿＿＿＿＿＿（某成员单位名称）为＿＿＿＿＿＿＿＿＿＿（联合体名称）牵头人。

2. 联合体各成员授权牵头人代表联合体参加投标活动，签署文件，提交和接收相关的资料、信息及指示，进行合同谈判活动，负责合同实施阶段的组织和协调工作，以及处理与本招标项目有关的一切事宜。

3. 联合体牵头人在本招标项目中签署的一切文件和处理的一切事宜，联合体各成员均予以承认。联合体各成员将严格按照招标文件、投标文件和合同的要求全面履行义务，并向招标人承担连带责任。

4. 联合体各成员单位内部的职责分工如下：＿＿＿＿＿＿＿＿＿＿＿＿＿＿＿＿＿＿。

5. 本协议书自所有成员单位法定代表人或其委托代理人签字或盖单位公章之日起生效，合同履行完毕后自动失效。

6. 本协议书一式＿＿＿＿份，联合体成员和招标人各执一份。

注：本协议书由法定代表人签字的，应附法定代表人身份证明；由委托代理人签字的，应附授权委托书。

联合体牵头人名称：＿＿＿＿＿＿＿＿＿＿（盖单位公章）

法定代表人或其委托代理人：＿＿＿＿＿＿＿＿（签字）

联合体成员名称：＿＿＿＿＿＿＿＿＿＿＿（盖单位公章）

法定代表人或其委托代理人：＿＿＿＿＿＿＿＿（签字）

联合体成员名称：＿＿＿＿＿＿＿＿＿＿＿（盖单位公章）

法定代表人或其委托代理人：＿＿＿＿＿＿＿＿（签字）

＿＿＿年＿＿＿月＿＿＿日

四、投标担保

若采用现金或银行转账等非保函形式提交，投标人应在此提供汇款凭证的复印件。

如采用银行保函，格式如下。

________________（招标人名称）：

鉴于________________（投标人名称）（以下称“投标人”）于______年______月______日参加________________________（项目名称）政府和社会资本合作（PPP）项目选择咨询机构招标的投标，____________________（担保人名称，以下简称“我方”）无条件地、不可撤销地保证：若投标人在投标有效期内撤销投标文件，中标后无正当理由不与招标人订立合同，在签订合同时向招标人提出附加条件，不按照招标文件要求提交履约保证金，或者发生招标文件明确规定可以不予退还投标保证金的其他情形，我方承担保证责任。收到你方书面通知后，我方在7日内向你方无条件支付人民币（大写）________________。

本保函在投标有效期内保持有效。要求我方承担保证责任的通知应在投标有效期内送达我方。

担保人名称：____________________（盖单位公章）

法定代表人或委托代理人：______________（签字）

地　　址：________________________________

邮政编码：________________________________

电　　话：________________________________

______年______月______日

（如采用担保函，则应提供担保函的格式要求。）

五、 投标报价清单

单位：人民币元

序号	分项报价名称	金额	备注
1			
2			
3			
4			
5			
……			
报价合计			

投标人：＿＿＿＿＿＿＿＿＿＿（盖单位公章）

或

法定代表人或其委托代理人：＿＿＿＿＿（签字）

＿＿年＿＿月＿＿日

六、 资格审查及商务评审资料

（一）基本情况表

<table>
<tr><td>投标人名称</td><td colspan="8"></td></tr>
<tr><td>注册地址</td><td colspan="3"></td><td colspan="2">邮政编码</td><td colspan="3"></td></tr>
<tr><td rowspan="2">联系方式</td><td>联系人</td><td colspan="2"></td><td colspan="2">电话</td><td colspan="3"></td></tr>
<tr><td>传真</td><td colspan="2"></td><td colspan="2">网址</td><td colspan="3"></td></tr>
<tr><td>法定代表人</td><td>姓名</td><td></td><td>技术职称</td><td colspan="2"></td><td colspan="2">电话</td><td></td></tr>
<tr><td>技术负责人</td><td>姓名</td><td></td><td>技术职称</td><td colspan="2"></td><td colspan="2">电话</td><td></td></tr>
<tr><td>企业资信证书</td><td colspan="8">类型：　　　等级：　　　证书号：</td></tr>
<tr><td>质量管理体系证书（如有）</td><td colspan="8">类型：　　　等级：　　　证书号：</td></tr>
<tr><td>营业执照号</td><td colspan="3"></td><td colspan="5">员工总人数</td></tr>
<tr><td>注册资本</td><td colspan="3"></td><td rowspan="4">其中</td><td colspan="2">高级职称人员</td><td colspan="2"></td></tr>
<tr><td>成立日期</td><td colspan="3"></td><td colspan="2">中级职称人员</td><td colspan="2"></td></tr>
<tr><td>基本账户开户银行</td><td colspan="3"></td><td colspan="2">技术人员数量</td><td colspan="2"></td></tr>
<tr><td>基本账户银行账号</td><td colspan="3"></td><td colspan="2">各类注册人员</td><td colspan="2"></td></tr>
<tr><td>经营范围</td><td colspan="8"></td></tr>
<tr><td>投标人关联企业情况（包括但不限于与投标人法定代表人为同一人或者存在控股、管理关系的不同单位）</td><td colspan="8"></td></tr>
<tr><td>备注</td><td colspan="8"></td></tr>
</table>

注：投标人应根据第二章“投标人须知”第 3.5.1 项的要求在本表后附相关证明材料。

（二）近年信用情况表

投标人应根据第二章“投标人须知”第3.5.2项的要求在本表后附相关证明材料。

（三）近年完成的类似咨询服务业绩情况表

咨询服务项目名称	
咨询服务项目所在地	
委托人名称	
委托人地址	
委托人电话	
合同价格	
服务期限	
服务范围、服务内容	
咨询服务项目负责人	
咨询服务项目描述	
备注	

注：投标人应根据第二章“投标人须知”第 3. 5. 3 项的要求在本表后附相关证明材料。

（四）拟委派咨询服务项目负责人简历表

<table>
<tr><td>姓名</td><td></td><td>年龄</td><td></td><td>学历</td><td></td></tr>
<tr><td>职称</td><td colspan="3"></td><td>注册执业（职业）资格
（水平）证书名称</td><td></td></tr>
<tr><td>工作年限</td><td colspan="3"></td><td>从事咨询工作年限</td><td></td></tr>
<tr><td colspan="6">主要工作经历</td></tr>
<tr><td>时间</td><td colspan="2">参加过的类似咨询服务业绩</td><td colspan="2">担任职务</td><td>委托人及联系电话</td></tr>
<tr><td></td><td colspan="2"></td><td colspan="2"></td><td></td></tr>
<tr><td></td><td colspan="2"></td><td colspan="2"></td><td></td></tr>
<tr><td></td><td colspan="2"></td><td colspan="2"></td><td></td></tr>
<tr><td></td><td colspan="2"></td><td colspan="2"></td><td></td></tr>
<tr><td></td><td colspan="2"></td><td colspan="2"></td><td></td></tr>
<tr><td></td><td colspan="2"></td><td colspan="2"></td><td></td></tr>
<tr><td></td><td colspan="2"></td><td colspan="2"></td><td></td></tr>
</table>

注：投标人应根据第二章“投标人须知”第 3. 5. 4 项的要求在本表后附相关证明材料。

（五）拟委派其他主要人员汇总表

序号	姓名	本招标项目任职	专业	学历	职称	注册执业（职业）资格（水平）证书名称		业绩及工作经验
						证书名称	证号	

注：投标人应根据第二章“投标人须知”第3.5.4项的要求在本表后附相关证明材料。

（六）第三章"评标办法"中评审因素信誉状况等要求投标人提供的证明材料复印件

七、 咨询服务方案

咨询服务方案应包括（但不限于）下列内容：

1. 拟提供咨询服务的项目概况。

2. 对委托人需求的理解。

3. 拟提供咨询服务的总体架构。

3.1　服务范围、服务内容；

3.2　服务依据、工作目标；

3.3　服务团队人员设置和岗位职责，配备保障措施；

3.4　工作程序、方法；

3.5　质量保障措施；

3.6　进度安排及保障措施；

3.7　成果性文件。

4. 对本次咨询服务的重点与难点分析。

4.1　本项目采用政府和社会资本合作（PPP）模式实施可行性论证的分析；

4.2　本项目采用政府和社会资本合作（PPP）模式实施的风险分析以及风险防范措施；

4.3　本次咨询服务的实施方案编制中关键问题的分析；

4.4　本项目采用政府和社会资本合作（PPP）模式实施的社会资本招标采购中难点的分析。

5. 投标人需要说明的其他内容。

八、其他资料

九、【B】中小企业声明函（如有）

如为小型、微型企业，提供中小企业声明函，格式如下。

________________（招标人名称）：

本公司郑重声明，根据《〈政府采购促进中小企业发展暂行办法〉的通知》（财库〔2011〕181号）的规定，本公司为________（请填写：中型、小型、微型）企业。即，本公司同时满足以下条件：

1. 根据《工业和信息化部 国家统计局 国家发展和改革委员会 财政部关于印发中小企业划型标准规定的通知》（工信部联企业〔2011〕300号）规定的划分标准，本公司为________（请填写：中型、小型、微型）企业。

2. 本公司参加________________单位的________________（项目名称）政府和社会资本合作（PPP）项目选择咨询机构招标采购活动提供由本企业提供的服务。

本公司对上述声明的真实性负责。如有虚假，将依法承担相应责任。

投标人：________________（盖单位公章）

______年______月______日

十、【B】残疾人福利性单位声明函（如有）

如为残疾人福利性单位，提供残疾人福利性单位声明函，格式如下。

________________（招标人名称）：

本单位郑重声明，根据《财政部　民政部　中国残疾人联合会关于促进残疾人就业政府采购政策的通知》（财库〔2017〕141号）的规定，本单位为符合条件的残疾人福利性单位，且本单位参加________________单位的________________（项目名称）政府和社会资本合作（PPP）项目选择咨询机构招标采购活动提供由本单位提供的服务。

本单位对上述声明的真实性负责。如有虚假，将依法承担相应责任。

投标人：________________（盖单位公章）

______年______月______日

第七章　项目相关资料

招标人提供的资料

1. 已批复的项目建议书或项目可行性研究报告
2. 招标人提供的其他资料